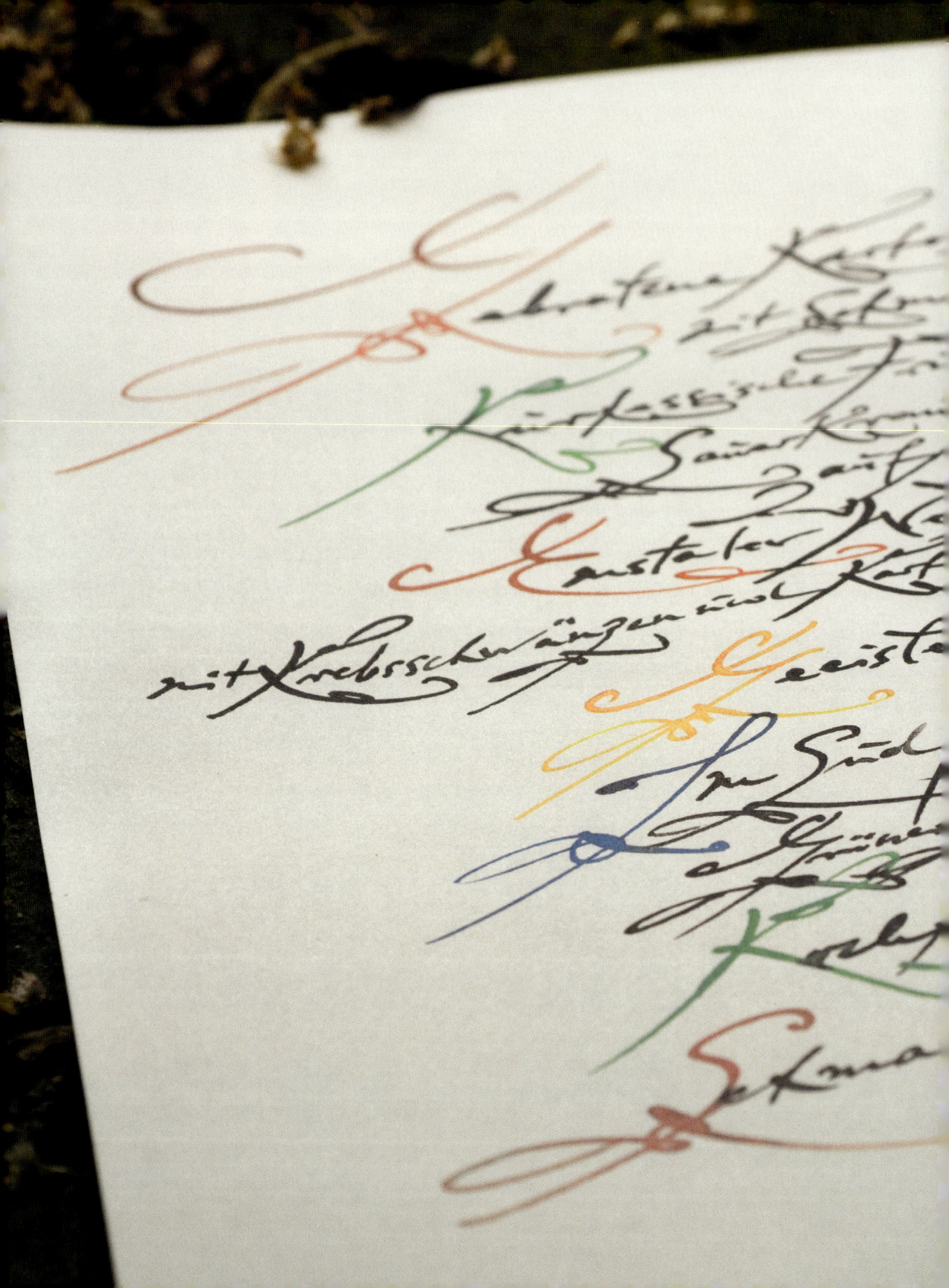
mit Krebsschwänzen und

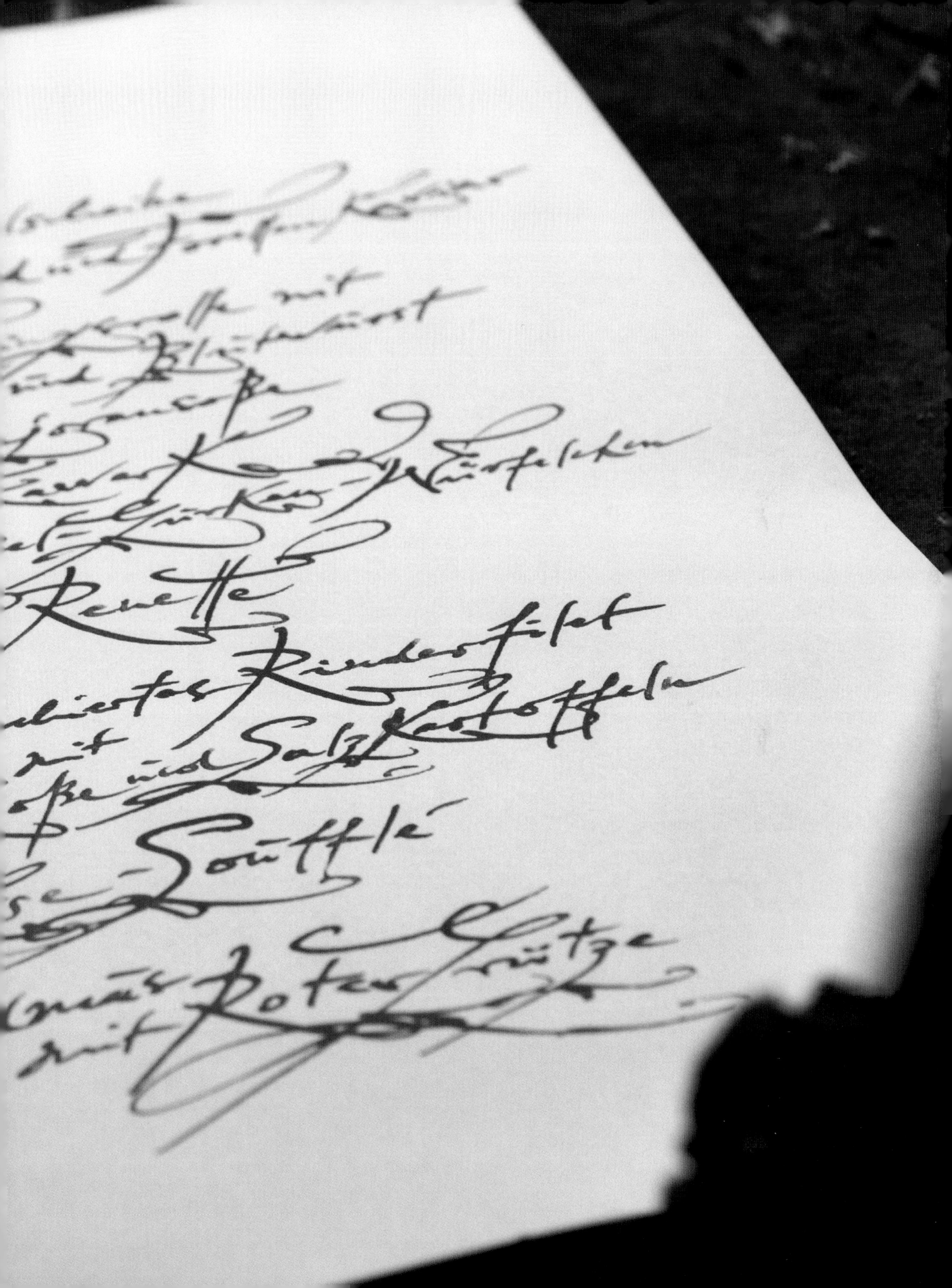
Rinderfilet
Kartoffeln
Soufflé
Rote Grütze

Einfach & Edel

»Zugegriffen, liebe Freunde!«

Sieben Menüs vom Grischäfer

aus dem Land der Brüder Grimm

gekocht und aufgetischt

von Rainer Holzhauer

Dies ist ein Kochbuch und es ist ein Bilderbuch mit Texten. Aber nicht nur das; denn es finden sich in diesem Buch allerlei unterschiedliche Bilder und Texte. Was war zuerst da?
Die Menüs aus dem Hause Grischäfer!
Alles andere darum herum sind Versuche, der gastronomischen Kultur dieses Hauses einen vielstimmigen Tusch darzubringen. Dafür hat Albert Schindehütte Zeichnungen und Kalligrafien beigesteuert, Paavo Blåfield hat fotografiert, Heiner Boehncke die sieben Orte beschrieben, an denen zugegriffen wird.
Die Buchgestaltung stammt von Jutta Blåfield und Albert Schindehütte. Angerichtet hat Rainer Holzhauer. Seine einfachen und edlen Menüs sind die Stars dieses Buches. Einfach sind sie, weil die Rohstoffe, die Zutaten aus der Region kommen. Lauter gute Bekannte, aber wie raffiniert, wie fantasievoll und unerwartet werden sie aufgetischt. Im Land der Brüder Grimm sind Wunder und Zauberei ganz normal. In Grischäfers Küche kommen sie auch vor:
Zugegriffen, liebe Freunde! *

* *»Zugegriffen, liebe Freunde«, sprach er, und die Gäste, als sie sahen, wie es gemeint war, ließen sich nicht zweimal bitten, rückten heran, zogen ihre Messer und griffen tapfer zu…* aus dem Grimmschen Märchen vom Tischleindeckdich

Einfach & Edel:
Zugegriffen, liebe Freunde!
Sieben Menüs
vom
Grischäfer
aus dem Land der
Brüder Grimm
Der Grischäfer

Das Kurhessische Edelmenü Nr. 1

... im Restaurant Grischäfer in Bad Emstal - Sand

Der Norden leuchtet. Jedenfalls der hessische Norden. Und dort ganz besonders ein Ort im Naturpark Habichtswald namens Bad Emstal. Und, wenn wir schon einmal bei der Beleuchtung sind: wenn das in warmes Licht getauchte Landhotel und Restaurant Grischäfer in Bad Emstal sich am Abend vom restblauen Himmel abhebt, könnte man meinen, man hätte sich verirrt. So farbenfroh und einladend hatte man hessische Fachwerkhäuser nicht erwartet. Es kommt aber noch dicker. Vor dem Haus stehen drei rauchende Gestalten, die aussehen, als seien sie einer Theaterprobe entlaufen. Mit Hauben auf dem Kopf und gewaltigen Servietten, die wie grobe Schürzen aussehen. Sind es auch, denn im (ehemaligen) Schafstall ist eine mittelalterliche Tafelei im Gange, die gut zu hören ist noch bevor man den Raum betritt und 60 bis 80 Leute an einer enormen Tafel sitzen sieht. Es geht da ziemlich ausgelassen zu. Man isst mit den Händen und lacht über die eigene Fähigkeit, mit den Händen zu essen und sich dabei ganz animalisch wohl zu fühlen.

Man könnte in Grischäfers Schafstall auch in ein Märchenmenü geraten. Dann würde von Feen oder Hexen oder auch von Frank im Glück aufgetragen. Das ist der Chef des Landhotels und Restaurant „Der Grischäfer“ Rainer Holzhauers Bruder. Außer für die Küche, da ist Rainer zuständig.

1977 wurden Scheune und Schlachthaus von Vater Erich Holzhauer zum Grischäfer umgebaut. Nicht einfach zu einem Hotel, in dem die Zimmer zum Beispiel „Himmel“ oder „Hölle“ heißen und liebevoll, teilweise etwas schräg mit Humor und Verstand eingerichtet sind, nicht bloß zu einem Restaurant, das mit seiner feinen, innovativen regionalen Küche Leute von überall lockt, sondern zu einem Ensemble aus warm, traditionell, aber höchst modern gestalteten Gasträumen: Der Schafstall mit mittelalterlicher oder märchenhafter oder auch nach speziellen Wünschen inszenierter großer Abendtafelei und Trinkgelage. Die Alte Küche, das ehemalige Schlachthaus, wo 20 Gäste gut unterkommen, die vielleicht zuvor in der Schauenburger Märchenwache klugen Ausführungen zu Grimms Märchen „Tischlein deck dich“ gelauscht haben und jetzt stark nach einem gedeckten Tisch verlangen. Wären es nur acht oder zehn hungrige und durstige Leute, könnten sie sich bequem in der „Schindehütte“ niederlassen. So heißt im Hauptgastraum eine Ecke, in der ausschließlich Bilder von Albert Schindehütte hängen – neben den vielen großformatigen Bildern des malenden Gründervaters Erich Holzhauer.

Im Sommer, der in dieser Ecke Hessens trotz der Vorsilbe „Nord“ bis weit in den Herbst dauern kann, darf man sich im Garten unter Obstbäume setzen oder die Zunftstube entdecken. All diese Räume aber dienen einem guten Zweck. Dem guten Essen und Trinken. Nicht selten sind die offenkundigen gastronomischen Geheimtipps außerhalb der großen Städte zu finden. Der dorthin zurückgelegte Weg geht als Vorlust-Appetit in den Verzehr ein. Der Streckenlohn kann sich sehen lassen. Vor allem aber kann er sich schmecken lassen. Von irgendeiner Nouvelle Cuisine von der neuen deutschen Küche wie von der alten hessischen, die grunderneuert wurde, muss man sich, was die Portionengröße betrifft, nicht fürchten. Oder eben doch; denn die Größe ist – ganz ländlich unsittlich – sehr groß. Abenteuer wie „hessische Tapas“, schmandfundierte Saucen, heimische rote Grützen sind zu bestehen. Und über allem kein Hauch von snobistischer Distanz. Sondern ein grundeigener Familiencharme. Es setzt der Chef – und das kann Frank sein, das kann Rainer sein – sich mal mit an den Tisch. Plötzlich ist man zu einem Vor-Absacker eingeladen. Den endgültigen kann man an der Grischäfer – Bar ordern, bevor man die paar Schritte ins Hotel – Zimmer geht. Das sollte man auch. Von einem solchen Ort fährt man dann nicht nach Hause, man legt sich in den „Himmel“ oder in die „Hölle“, je nach Veranlagung.

Gebratene Kartoffelscheibe mit Schmand und Forellenkaviar

Hessische Frühlingsrolle mit Sauerkraut und Blutwurst gefüllt auf Majoransoße

Emstaler Weckewerk mit Krebsschwänzen und Kartoffel-Gurken-Würfelchen

Geeiste Renette

Im Sud pochiertes Rinderfilet mit Grüner Soße und Salzkartoffeln

Kochkäsesoufflé

Schmandmus an Roter Grütze

Gebratene Kartoffelscheibe
mit Schmand und Forellenkaviar

Kurhessische Frühlingsrolle mit
Sauerkraut und Blutwurst
auf Majoransoße

Emstaler Weckewerk
mit Krebsschwänzen und Kartoffel-Gurken-Würfelchen

Geeiste Renette

Im Sud pochiertes Rinderfilet
mit
Grüner Soße und Salzkartoffeln

Kochkäse-Soufflé

Schmandmus
mit Roter Grütze

Gebratene Kartoffelscheibe mit Schmand und Forellenkaviar

8 walnussgroße Kartoffeln
1 Becher Schmand (200g)
8 TL (1 kleines Glas) Forellenkaviar
Etwas Butter zum Braten
Salz

Kartoffeln waschen und kochen, in 1 cm dicke Scheiben schneiden und in etwas Butter goldgelb braten. Auf einem kleinen Teller anrichten. 1 TL ungerührten Schmand auf die Kartoffeln setzen und 1 TL Forellenkaviar darauf geben.

Kurhessische Frühlingsrolle mit Sauerkraut und Blutwurst

8 Blatt Wan Tan-Teig
200 g Sauerkraut
60 g Blutwurst
Etwas braune Bratensoße
Majoran
1 Zwiebel
Etwas Schweineschmalz
Pfeffer, Salz

Sauerkraut mit etwas Zwiebel, Schweineschmalz, Wasser, Majoran, Pfeffer und Salz kochen. Die Blutwurst in feine Würfel schneiden und unter das erkaltete Sauerkraut mengen. Die Blutwurst-Sauerkrautmischung auf den Teig geben und zu einem kleinen Päckchen falten. Die überlappenden Ecken mit Eiweiß bestreichen. 1 Stunde im Kühlschrank ruhen lassen und kurz vor dem Servieren im heißen (180 Grad) Fett ausbacken. Die Bratensoße kochen lassen, frischen Majoran dazugeben. Auf einem kleinen Teller einen Soßenspiegel geben und 2 Frühlingsrollen pro Person auf den Spiegel setzen.

Emstaler Weckewerk mit Krebsschwänzen und Kartoffel-Gurken-Würfelchen

500 g Weckewerk (beim Metzger Ihres Vertrauens kaufen)
150 g Krebsschwänze in Lake
1 große Kartoffel
1 saure Gurke

Weckewerk mit etwas Wasser erhitzen und zu einem leckeren Brei köcheln lassen. Kartoffeln und Gurken in kleine Würfel schneiden und die Kartoffelwürfel in Lake erwärmen. Die Krebsschwänze in Wasser erwärmen. Das Weckewerk auf 4 mittelgoße Teller verteilen, die lauwarmen Krebsschwänze, Kartoffel- und Gurkenwürfelchen darüber streuen und servieren.

Geeiste Renette

500 g Renette Äpfel
300 ml Wasser
200 g Zucker
8 cl Apfelbrand

Die Hälfte der Äpfel schälen und alle Äpfel entkernen, anschließend in haselnussgroße Stücke schneiden, auf eine Platte geben und einfrieren. Das Wasser mit dem Zucker zum Kochen bringen und 10 Minuten kochen und anschließend erkalten lassen.
Die tief gefrorenen Äpfel und den Läuterzucker (Wasser-Zucker-Gemisch) vermengen und mit einem Stabmixer zerkleinern. Die Masse muss gefroren bleiben!
In eiskalte Champagnerschalen mit einem Schuss Apfelbrand servieren.

Im Sud pochiertes Rinderfilet mit Grüner Soße und Salzkartoffeln

500 g Salzkartoffeln
2 l Rinderkraftbrühe
4 Rinderfiletsteaks á 200 g
8 Eier
200 g Schmand
200 g Saure Sahne

Frische Grüne-Soße Kräuter:
Pimpernelle, Schnittlauch,
Petersilie, Sauerampfer, Frühlingszwiebeln
Dill und Kerbel
Salz, Pfeffer
Essig

Salzkartoffeln

Kartoffeln schälen und in Salzwasser gar kochen. Zubereitung pochierte Rinderfiletsteaks: Die Rinderkraftbrühe (zur Not Instant) sieden lassen und Rinderfiletsteaks etwa 10 Minuten im Sud ziehen lassen. Herausnehmen, abtropfen lassen und auf einem großen Teller mit Salzkartoffeln und Grüner Soße anrichten.

Grüne Soße

Eier hart kochen (10 Minuten), abschrecken und pellen. Zerhacken und in eine Schüssel geben. Den Schmand, die Saure Sahne, Salz, Pfeffer, etwas Essig und die klein geschnittenen Kräuter und Frühlingszwiebeln dazugeben und gut vermengen. Nochmals mit Salz, Pfeffer und Essig abschmecken.

Kochkäse-Soufflé

4 Eier
¼ l heiße Milch
Salz, Pfeffer
125 g Kochkäse (Bönsel´s 40 % mit viel Kümmel)
Etwas Butter
3 EL Mehl

Die Butter in einem Topf zergehen lassen. Das Mehl darüber streuen und verrühren. Die Milch dazugeben und unterrühren. Zu einem dicken Brei kochen und mit Salz und Pfeffer abwürzen. Den Backofen auf 180 Grad vorheizen. Die Förmchen mit Butter ausstreichen. Die Eier trennen, das Eiweiß und eine Prise Salz steif schlagen. Unter den abgekühlten Brei das Eigelb und den Käse rühren, den Eischnee unterheben. Nun das Käsesoufflé in die Förmchen füllen und in den Backofen geben. Ca. 20 bis 30 Minuten goldgelb backen lassen. In den ersten Minuten die Backofentür nicht öffnen! In den Förmchen heiß servieren.

Schmandmus mit Roter Grütze

Schmandmus:
200 g Schmand
200 ml Sahne
2 Blatt Gelatine
70 g Zucker
2 Eigelb
1 Ei

Rote Grütze:
1 kg Beerenmischung (auch gut tiefgefroren)
¼ l Rotwein
200 g Zucker
Etwas Zimt
2 EL Sago

Schmandmus

Zucker mit Ei, Eigelb und etwas Wasser im heißen Wasserbad schaumig schlagen. Die eingeweichte Gelatine unter Rühren dazugeben und darauf achten, dass sie sich in der warmen Masse vollständig auflöst. Danach den Schmand unter die Masse rühren und die geschlagene Sahne unterheben. In eine Schüssel geben und ca. 6 Stunden ruhen lassen.

Rote Grütze

⅔ der Früchte mit Zucker, Zimt und Rotwein zum Kochen bringen, den Sago dazugeben und nochmals gut durchkochen lassen. Vom Herd nehmen, die restlichen Früchte unterrühren und erkalten lassen. In einem tiefen Teller mit einer Musnocke servieren.

Das Kurhessische Edelmenü Nr. 2

... im Landgasthof Alter Grischäfer
in Sand (Bad Emstal)

Seit 150 Jahren im Familienbesitz. Das sagt sich so schön. Das sind aber auch 150 Jahre durch schwere Zeiten, durch gute und weniger gute Zeiten. Wie mag den zechenden Bauern und Handwerkern zu Mute gewesen sein, als preußische Truppen am 19. Juni 1866 ohne auf Widerstand zu stoßen in Kassel einrückten und dem Kurfürstentum ein Ende machten? Vielleicht blieben sie an diesem Tag ein bisschen länger bei der Wirtin und tranken ein wenig mehr, um für die neuen Zeiten gewappnet zu sein. Ja, bei der Wirtin. In der Familie wurde nämlich auf die mütterliche Seite vererbt. Deshalb darf man den Alten Grischäfer auch „Mutterhaus" nennen. Auch für die Holzhauer – Kinder. Rainer – der mit der Kochmütze – lernte den Betrieb bei seiner Mutter Gisela in der Küche kennen. Kaum, dass er selbst essen konnte, hat er auch schon gefragt, wie man es hinbekommt, gutes Essen auf den Tisch zu bringen. Und überhaupt keine Zweifel konnten darüber aufkommen, wo das gute Fleisch und die fantastische ahle Wurscht herkommen. Aus dem Schlachthaus, das ebenfalls der Familie gehörte. So heranzuwachsen hat noch keinem Koch und Menü-Erfinder geschadet. Am allerwenigsten war es für Rainer Holzhauer von Nachteil.

Warum heißt aber der Grischäfer Grischäfer? Das kann man schon am Wappen erkennen. Heinrich Gries war Schäfer und Schankwirt vor über hundert Jahren in Sand, und wenn Sie ein paar mal Gries und Schäfer hintereinander sagen, wird daraus eben Grischäfer.

Vor zehn Jahren brach über den Alten Grischäfer wieder eine neue Zeit herein. In diesem Fall aber eine eindeutig gute, gastronomisch hervorragende Zeit.

Das Haus wurde gründlich renoviert, aber mit Verstand und ohne Schnick Schnack. Sagen wir, es wurde nachhaltig erneuert. So, dass man der behaglichen Einrichtung die Tradition ansehen kann. Das ist gar nicht so einfach. Einerseits ist der Alte Grischäfer ein Landgasthof mit Weckewerk und Sulperknochen. Er ist ein gastronomischer Mittelpunkt des Ortes mit 70 Prozent Stammkunden. Auf der anderen Seite werden auch hier auf bürgerlicher Basis kulinarische Innovationen erdacht und mit stabiler Freundlichkeit serviert.

Wer im Alten Grischäfer mit mehreren Dutzend Gästen ein Familienfest feiern will, der kann sich darauf verlassen, dass es mit dem Ambiente stimmt. Da herrscht dann ein enormer Vorschuss an strahlender Festlichkeit und bester Atmosphäre. Solche angenehmen „äußeren" Bedingungen können auf eine Feier überschwappen; im Alten Grischäfer tun sie das. Man kann einfach auch gut und reichlich essen. Nur montags nicht, da ist Ruhetag.

Gebratene Möhrenwurst auf Steckrübenpüree

Feines Linsensüppchen mit Wachtelbrust

Lauwarmer Feldsalat mit geröstetem Speck

Rehrückenfilet rosa gebraten auf Holunder-Birnensößchen und Kartoffelsoufflé

Ziegenschnippchen auf Landbrot

Zwetschgenparfait

Gebratene Möhrenwurst
auf
Steckrübenpürée

Feines Linsensüppchen mit Wachtelbrust

Lauwarmer Feldsalat mit
geröstetem Speck

Rehrückenfilet rosa gebraten
auf
Holunder-Birnensößchen und Kartoffelsoufflé

Ziegenschnippchen auf Landbrot

Zwetschgenparfait

Gebratene Möhrenwurst auf Steckrübenpüree

300 g Möhrenwurst
1 Steckrübe, ca. 300 bis 500 g
½ Liter Sahne
Salz, Pfeffer, etwas Wasser

Steckrübe schälen. In Würfel schneiden und in der Sahne mit etwas Wasser, Salz und Pfeffer weich kochen. Steckrüben-Sahnegemisch in einer Moulinette zu feinem Püree mixen und abschmecken. Möhrenwurst in Scheiben schneiden und in der Pfanne ausbraten. Püree erhitzen, auf einen Teller geben und die Möhrenwurst auf das Püree setzen.

Feines Linsensüppchen mit Wachtelbrust

50 g geräucherter Speck
2 Liter Wasser
200 g kleine grüne Linsen
2 Karotten
½ Sellerieknolle
Etwas Schweineschmalz
1 mittelgroße Kartoffel
Etwas Lauch
Pfeffer, Salz, Essig
4 Wachtelbrüstchen
Etwas Fett

Linsen einweichen. Karotten, Sellerie und Kartoffeln schälen und in kleine Würfel schneiden. Speck leicht anbraten und Gemüse hinzugeben und kurz durchschwenken. Die Linsen dazu geben und mit Wasser auffüllen. So lange kochen, bis die Linsen eine angenehme Bissfestigkeit haben. Mit Salz, Pfeffer und Essig abschmecken. Die Wachtelbrüstchen goldbraun braten, etwas ruhen lassen und in feine Scheiben schneiden. Die Suppe in einen tiefen Teller geben und die Scheiben der Wachtelbrust hinauf legen.

Lauwarmer Feldsalat mit geröstetem Speck

300 g Feldsalat
200 g dünne, magere Speckscheiben
Olivenöl
1 kleine Zwiebel
Dunkler Balsamico-Essig
2 Scheiben Bauernbrot
60 g Butter
Salz, Pfeffer

Das Brot in 1 cm große Stücke schneiden und in Butter goldbraun braten. Den Feldsalat mehrfach waschen (bis er nicht mehr zwischen den Zähnen knirscht) und gut schleudern (z. B. in einem Handtuch).
Den Speck in feine Streifen schneiden, die Zwiebel würfeln. Den Speck in Olivenöl kross anbraten und die Zwiebelwürfelchen dazugeben. Mit Balsamico-Essig ablöschen. Die heiße Soße über den Feldsalat geben und sofort mischen. Auf einen Teller geben. Brotwürfel darüber streuen und servieren.

Rehrückenfilet rosa gebraten auf Holunder-Birnensößchen und Kartoffelsoufflé

Rehrücken:
600 bis 800 g Rehrücken ausgelöst
Öl, Bratenfond
Etwas Holunderbeersaft oder Gelee
Pfeffer, Salz, 1 Birne

Kartoffelsoufflé:
200 g Kartoffeln
3 Eier
2 EL Schmand
Pfeffer, Salz, Muskat

Den gut geputzten Rehrücken mit Pfeffer und Salz abwürzen und im heißen Fett scharf anbraten. In einem ca. 80 Grad heißen Backofen 20 Minuten lang ruhen lassen. In der Zwischenzeit die Birne schälen und entkernen, vierteln und in Scheiben schneiden. Mit Butter in einer Stielkasserolle anschwenken. 150 ml Soße dazugeben, aufkochen lassen und 2 EL Holunderbeersaft oder Gelee dazugeben.

Kartoffeln schälen, in große Würfel schneiden und weich kochen. Abgießen und mit einem Stampfer zu Mus zerdrücken. Die Eier mit dem Schmand vermixen und mit dem Mus kräftig verrühren. Mit Salz, Pfeffer und Muskat abschmecken. 4 Soufflé-Förmchen ausbuttern und die Masse gleichmäßig aufteilen. In einem Wasserbad im Backofen bei 160 Grad 30 Minuten ziehen lassen. Einen Soßenspiegel auf den Teller geben, den Rehrücken darauf legen, das Kartoffelsoufflé stürzen und mit auf den Teller setzen. Gerne mit einem Holunderbeeren-Sträußchen oder Rosenblättern verzieren.

Ziegenschnippchen auf Landbrot

150 g Ziegenquark (Käserei oder Bioladen)
20 bis 40 ml Sahne
1 kl. Bund Schnittlauch
Petersilie, etwas Liebstöckel
etwas Zwiebel
Salz, Pfeffer, Knoblauch
2 Scheiben Landbrot

Den Ziegenquark mit Salz, Pfeffer und Sahne glatt rühren. Die Zwiebel in kleine Würfel schneiden und die Kräuter fein hacken. Den Knoblauch schälen und mit etwas Salz in der Knoblauchpresse zerkleinern. Alles unter den Ziegenquark geben. Die Brote bestreichen und in mundgerechte Häppchen schneiden. Mit Kräutern verzieren, auf einen Teller geben und servieren.

Zwetschgenparfait

500 g Zwetschgen
80 g Butter
200 g Zucker
Prise Zimt
500 ml geschlagene Sahne
4 Eier
4 cl Zwetschgenbrand

Zwetschgen waschen und entsteinen. In einer Stielkasserolle die Butter erhitzen, die Zwetschgen mit dazugeben. 100 g Zucker und etwas Zimt hinzugeben und zu einem Mus kochen lassen. Die Eier mit Zucker und etwas Wasser auf kleiner Hitze warm aufschlagen. Anschließend den Topf in Eiswasser geben und unter ständigem Rühren erkalten lassen. ⅔ des Muses unterheben. Anschließend den Apfelbrand und die geschlagene Sahne unterheben. In Tassen oder in eine Form geben, tiefkühlen und 10 Minuten vor dem Anrichten mit Puderzucker und restlicher Zwetschgenmasse verzieren.

Das Kurhessische Edelmenü Nr. 3

... im Ballhaus
am Wilhelmshöher Schloss

Beim Ballhaus wird es ein bisschen unheimlich und wir beginnen mit einem Gruß aus der Gerüchteküche. Vor dem nördlichen Flügel von Schloss Wilhelmshöhe, im sogenannten Kastanienwäldchen steht das Ballhaus. Es wurde im Frühjahr 1810 innerhalb von neun Monaten errichtet und zwar vom „königlichen Architekten“ Leo von Klenze. Das ist natürlich noch kein Gerücht und auch, dass zu der Zeit König Jérôme Napoleon, der kleine Bruder des großen Napoleon auf dem Kasseler Thron im Wilhelmshöher Schloss saß, entspricht den Tatsachen. Für ihn, der militärisch und auch sonst ein ziemlicher Versager war, hatte der Kaiser am 7. Juli 1807 das Königreich Westfalen mit immerhin zwei Millionen Einwohnern geschaffen, und der erst 23jährige Bruder war nun „Le roi de Westphale von Kinson“. Das Königreich bestand dann nur bis 1813, als Napoleons Großreich zusammenbrach. Einerseits lassen die Spitznamen der provisorischen königlichen Hoheit nichts Gutes vermuten: „Prinz Plon-Plon“ hieß er und auch „König Lustik“. Er fiel vor allem wegen seines unersättlichen Appetits auf. Der betraf Speisen, vor allem aber Frauen. Andererseits brachte er das Ländchen auch voran. Gewerbefreiheit, Abschaffung der Leibeigenschaft, ein fortschrittliches Justizwesen sind die Stichwörter. Jetzt kommt aber endlich das Gerücht. Erbaut wurde das Ballhaus als Hoftheater. In der königlichen Loge soll Jérôme während der Aufführungen es nicht nur wild getrieben haben, er soll dabei auch noch Kalbsbouillon geschlürft haben. Nachdem der komische König Kassel verlassen hatte, bestand das Theater noch fünfzehn Jahre, dann wurde es in einen „Tanzsal für das Pulicum“ umgebaut und erlebte später dann eine äußerst wechselvolle Geschichte und viele merkwürdig Geschichten.

Eine davon gehört keineswegs der Vergangenheit an. Die Grischäfers richten dann und wann im Ballhaus derart opulente Festlichkeiten aus, dass man ihnen seinerzeit ganz bestimmt den Titel „Königliche Auftischer“ verpasst hätte. Und wenn wir schon bei Königen sind: wir haben keinen. Unserer heißt Bundespräsident. Und zwar Horst Köhler. Und genau den, nebst 200 Gästen der Landesregierung musste oder vielmehr durfte die Firma Grischäfer am Samstag, dem 16. Juni 2007 vor der öffentlichen documenta – Party im Ballsaal zum Mittagessen empfangen. Das Ergebnis fasste der Präsident so zusammen: „Es war sehr gut. Zu Ihnen kann man wiederkommen.“ Die gesamte Vorstellung, genannt „Nordhessischer Spaziergang“ mit Strudel von der Forelle, Blutwurst und Apfelmeerrettich, gebratener Kartoffelscheibe mit Schmand und Forellenkaviar, Kartoffelsüppchen mit Krebsschwänzen und hessischer Frühlingsrolle an Majoransoße, dann Ochsenbrust mit grüner Soße und zum Nachtisch Schmandmus an Roter Grütze, mit einem perfekten Aufmarsch der Service – Truppe und einem atemberaubenden Timing - diese insgesamt nur eine gute Stunde dauernde Präsidentenverköstigung wäre gewiss Grischäfers Meisterstück gewesen. Wenn die Brüder Holzhauer das nicht am Stammsitz in Bad Emstal und den anderen „Spielstätten“ tagtäglich absolvieren würden.

Übrigens kostet nicht nur ein königliches Präsidenten-Mahl im Off gehörig Nerven. Hinter den festlichen Kulissen im Ballhaus konnte man in allerhöchster Anspannung die Regisseurin solcher strapaziösen Tafel – Inszenierungen sehen: Moni Nehm. Wenn einmal einschlägige Orden verteilt werden, vergesst sie bitte nicht.

Zurück zum Anfang: Die Brüder Grimm haben die Wälder rings um Kassel zu Märchenwäldern werden lassen. Sie verkehrten aber durchaus auch bei Hofe. 1808 wurde Jakob Bibliothekar bei König Jérôme. Es ist aber erwiesen, dass er (Jakob) sich an irgendwelchen Orgien niemals beteiligt hat. Im Gegenteil.

Gebratene Apfelscheibe mit Blutwurst

Dörrpflaume im Speckmantel

Kartoffelsuppe mit Apfelchampagner und Krebsschwänzen

Feine Scheiben von der Landentenbrust auf Rotkrautpüree und Majoran-Kartoffeln

Gratinierter Handkäse auf Salatrauke

Im Bierteig gebackene Holunderblüten

Gebratene Apfelscheibe
mit Blutwurst

Dörrpflaume im Speckmantel

Kartoffelsuppe mit Apfelchampagner
und Krebsschwänzen

Feine Scheiben von der Laufentenbrust
auf
Rotkrautpüree und
Majorankartoffeln

Gratinierter Handkäse auf
Salatrauke

Im Bierteig gebackene Holunderblüten

Gebratene Apfelscheibe mit Blutwurst

200 g Blutwurst
2 Äpfel
Etwas Butter

Die Äpfel schälen, entkernen und in Scheiben schneiden. Butter in eine Pfanne geben und die Äpfel goldgelb braten. Inzwischen die Blutwurst enthäuten, in 1 cm dicke Scheiben schneiden und kross anbraten. Apfelscheibe auf einen Teller geben, die gebratene Blutwurst darauf legen und mit 3 cm langem Schnittlauch oder Blattpetersilie garnieren.

Dörrpflaume im Speckmantel

16 Dörrpflaumen ohne Kerne
8 Scheiben Speck
(ca. 3 mm dick)

Die Dörrpflaumen mit Speck umwickeln.
Mit einem kleinen Holzspieß befestigen und bei 220 Grad
im vorgewärmten Backofen goldbraun backen.

Kartoffelsuppe mit Apfelchampagner und Krebsschwänzen

600 g Kartoffeln
2 Zwiebeln
½ Liter Apfelchampagner
50 g Speck
300 ml Sahne
1 Liter Fleischbrühe
Majoran, Salz, Pfeffer
Etwas Speiseöl

Etwas Öl im Topf erhitzen. Die Zwiebeln und Kartoffeln in Scheiben schneiden und leicht anschwitzen (keine Farbe), anschließend mit Apfelchampagner auffüllen und etwas reduzieren lassen. Die Brühe hinzugeben und kochen lassen, bis die Kartoffeln gar gekocht sind. Mit dem Mixstab grob pürieren und abschmecken. Krebsschwänze im eigenen Fond erwärmen. In die Suppentassen geben und mit der Kartoffelsuppe auffüllen.

Feine Scheiben von der Landentenbrust auf Rotkrautpürree und Majorankartoffeln

2,5 kg Ente
Etwas Fett zum Braten
300 g fertiges Rotkraut (am besten von der Oma eingekocht)
300 g Kartoffeln
Majoran, Salz, Pfeffer

Die Entenbrust fein säuberlich heraustrennen, pfeffern und salzen und in der Pfanne mit heißem Öl scharf anbraten. Anschließend in den 80 Grad vorgewärmten Backofen ca. 40 Minuten ziehen lassen.
Inzwischen das erwärmte Rotkraut pürieren und abschmecken. Kartoffeln gut säubern und halbieren. Mit Salz, Pfeffer und Majoran würzen, auf ein gefettetes Backblech legen und im Ofen bei 200 Grad backen.
Die fertige Entenbrust in feine Scheiben schneiden, Rotkraut in der Mitte des Tellers anrichten. Entenbrustscheiben auf das Rotkraut legen und die Kartoffeln dazugeben.
Mit Kerbelsträußchen garnieren.

Gratinierter Handkäse auf Salatrauke

4 Scheiben Handkäse
1 Zwiebel
4 cl Apfelbrand
4 kleine Hände Raukesalat
Essig, Öl, Salz, Pfeffer

Handkäse horizontal halbieren. Die Zwiebel in Scheiben schneiden, mit dem Handkäse und dem Apfelbrand vermengen und 2 Tage gut durchziehen lassen. Raukesalat waschen und in einem Küchentuch trocken schleudern. Mit Essig, Öl, Salz und Pfeffer abschmecken. Handkäse ca. 5 Minuten bei Oberhitze in den Backofen geben und goldbraun backen lassen. Anschließend auf den einzeln portionierten Raukesalat geben.

Im Bierteig gebackene Holunderblüten

8 Holunderblüten
150 g Mehl, 2 Eier
1/8 Liter Bier, 2 EL Öl
Frittierfett
Zucker und Zimt

Holunderblüten waschen und zum Trocknen auf ein Küchentuch legen. Mit dem Mehl, Eigelb, Bier und Öl einen dickflüssigen Teig anrühren. Das Eiweiß zu Schnee schlagen und unterziehen. Die Blüten am Stiel anfassen und in den Teig tauchen. In heißem Fett schwimmend knusprig braun ausbacken. Abtropfen lassen und mit Zucker und Zimt bestreuen.

Das Kurhessische Edelmenü Nr. 4

... im Train Bleu
(der Speisewagen auf den Gleisen der Kleinbahn Kassel - Naumburg)

„Generalreparatur Halberstadt 1954“ steht auf einem kleinen Schild an dem dunkelblauen Waggon. Wie kommt der hier her? Auf das halb verrostete Nebengleis beim Bahnhof Balhorn. Der Train Bleu auf der Gelegenheitsstrecke der Naumburger Kleinbahn ist ein Speisewagen, ein rollendes Restaurant. Ja, wie kommt er dort hin? Als es mit der DDR zu Ende war, wurde der altgediente Ersatzteilwagen nicht mehr gebraucht. Immer unterwegs zu pfiffigen Projekten und unnachahmlichen Extrawürsten für die Gäste, bauten die Holzhauers den alten Arbeitswagen in einen blau-goldenen Salonwaggon um. Und, weil das Vater Erich Holzhauer, der gelernte Maler und Weißbinder in die Hand nahm, weil er den Wagen innen mit blauem Samt polsterte und goldenen Lilien dekorierte, eine winzige Küche einbaute, Platz für 24 Personen schuf, deshalb prangt auch überall sein Wappen: „EH“ mit königlichem Zierwerk. Das hat seine Ordnung. Einen schöneren Speisewagen findet man kaum. Einst fuhr der Train Bleu Touristen von Paris über Lyon an die Côte d’Azur. Der elegante Zug steigerte die Vorfreude auf den sonnigen Süden. Heute vervielfältigt der Blaue Wagen die Freude an gutem Essen und Trinken. Und wenn die kleine Dampflok losschnaubt und den blauen Regionalexpress zwischen Naumburg und Schauenburg-Elgershausen über die Schienen zieht, dann dürfen die Gäste auf ihren breiten blauen Stühlen mit Goldrand das doppelte Glück des gemütlichen Reisens und stilvollen Tafelns genießen. Die Region befindet sich dann draußen mit ihren Wiesen und Märchenwäldern und drinnen auf dem Tisch mit den feinen heimischen Gerichten aus der Holzhauer-Küche.

Den Wagen und das Menü kann man mieten. Man wird dann Zeuge eines kleinen Wunders. Die zwei Quadratmeter des Kochraums verwandeln sich in eine fliegende Küche. Nicht zu glauben, was da angerichtet und zubereitet wird. Der Geschwindigkeitsrausch des kürzesten aller Züge beflügelt den Koch, und der zaubert beim Ruckeln und Zuckeln des Bleu Train die allerfeinsten Speisen auf den Tisch. Nicht zu reden von den Getränken, die als probates Mittel gegen die Reiseangst zu empfehlen sind. Sagen wir nicht Reiseangst, sondern Spaß an kleinen Katastrophen. Immer, wenn der Bleu Train unterwegs ist, passiert etwas. Mal fällt der Strom aus, mal die ganze Lok. Ein Topf fällt vom Herd, der Koch stolpert in der Küche. Obwohl das wegen Platzmangels kaum möglich scheint. Merkwürdig: gerade diese kleinen Unglücke steigern die Stimmung. Bei Kerzenlicht, während einer unverhofften Wartezeit, an die man von der großen Bahn ja gewohnt ist, geht es hoch her im Sonderzug der Naumburger Kleinbahn. Im Bleu Train, dem schönsten Speisewagen der Welt.

Train Bleu

Mousse von der geräucherten Forelle

Bärlauch-Süppchen

Holunderblüten-Sorbet

Gebratenes Zanderfilet auf Schmandsauerkraut und Salzkartoffeln

In Portwein pochierte Zwetschgen mit Zimteis

Mousse
von der geräucherten
Forelle

Bärlauch-Süppchen

Holunderblüten-Sorbet

Gebratenes Zanderfilet
auf
Schmandsauerkraut
und
Salzkartoffeln

In Portwein pochierte Zwetschgen
und Zimteis

Mousse von der geräucherten Forelle

Drei geräucherte Forellenfilets
250 g Sahne
2 Blatt Gelatine
Salz, Pfeffer

Forellenfilets mit etwas Sahne in der Moulinette sehr fein zerkleinern und durch ein Haarsieb streichen. Die Gelatine in kaltem Wasser einweichen. Die restliche Sahne schlagen. Die eingeweichte Gelatine in einem kleinen Gefäß im Wasserbad vollständig auflösen. Die Sahne unter die Forellenfarce heben. Die aufgelöste Gelatine dazugeben und mit Salz und Pfeffer abschmecken. In eine Schüssel geben und im Kühlschrank durchkühlen lassen. Mit einem mittelgroßen Löffel eiförmig ausstechen und auf einem kleinen Teller anrichten. Mit einem Kerbelblatt ausgarnieren und einer Scheibe Toast oder Schwarzbrot servieren.

Bärlauch-Süppchen

500 ml Sahne
300 ml Gemüsebrühe (zur Not auch Instant)
80 g Bärlauch
Pfeffer, Salz

Den Bärlauch in der Moulinette mit etwas Wasser sehr fein mixen. Die Sahne mit der Brühe etwas einkochen lassen und mit Salz und Pfeffer abschmecken. Kurz vor dem Servieren das grüne Bärlauchpüree einrühren und einmal aufkochen lassen.
In Tassen füllen und servieren.

ENTRÉE

Train Bleu

Holunderblüten Sorbet

¼ Liter Wasser
¼ Liter Weißwein
100 g gezupfte Holunderblüten
200 g Zucker

Das Wasser mit dem Zucker in einen Topf geben und 3 Minuten kochen lassen. Anschließend den Wein hinzugeben und die Holunderblüten unterrühren. Gut durchziehen lassen (mehrere Stunden), abseihen, in der Tiefkühltruhe frosten lassen und während dessen immer gut umrühren (oder in die Eismaschine geben). In gefrostete Gläser füllen und servieren.

Gebratenes Zanderfilet auf Schmandsauerkraut und Salzkartoffeln

600 bis 800 g Zanderfilet
Etwas Butter und Öl
300 g Sauerkraut
200 g Schmand
½ Zwiebel
1 EL Schweineschmalz
1 Lorbeerblatt
2 Nelken
100 ml Weißwein
4 große Kartoffeln
Pfeffer, Salz
Etwas Mehl

Zanderfilet

Die Zanderfilets säubern und in gleich große Stücke schneiden. Mit Salz und Pfeffer würzen und mit etwas Mehl bestreuen. In einem Öl-Buttergemisch goldbraun braten.

Schmandsauerkraut

Das Sauerkraut mit gehackter Zwiebel, etwas Schweineschmalz, Lorbeerblatt, Nelken, Weißwein, Pfeffer und Salz bissfest kochen und mit Schmand verfeinern.

Salzkartoffeln

Kartoffeln schälen, in Salzwasser gar kochen und abgießen.
Das Schmandsauerkraut in der Mitte des Tellers anrichten und den Zander drum herum setzen.
Die Kartoffeln separat in einer Beilagenschale servieren.

In Portwein pochierte Zwetschgen mit Zimteis

¼ Liter roter Portwein
¼ Liter Saft (Kirsche oder rote Johannisbeere)
150 g Zucker, 30 Zwetschgen
250 g Butter, 200 g Zimteis

Den Saft zusammen mit dem Portwein und dem Zucker in einen Topf geben und aufkochen lassen. Die gewaschenen Zwetschgen dazugeben und unter leichter Hitze ca. 5 Minuten köcheln lassen. Die Zwetschgen herausnehmen und den Fond auf ca. 0,2 l reduzieren lassen. Die kalte Butter würfeln und in den Fond einrühren, bis die Flüssigkeit sämig ist. Die Zwetschgen auf einem Teller anrichten und die Portweinsoße darüber geben.
Einen großen Löffel Zimteis dazugeben.

Das Kurhessische Edelmenü Nr.

in der Alten Brüder Kirche am Renthof in Kassel

Das Kurhessische Edelmenü Nr. 5

... in der Alten Brüderkirche
am Renthof in Kassel

Niemand will aus alten Kirchen Parkhäuser machen, Discount-Märkte oder Techno-Schuppen. Wenn es gelingt, den ursprünglichen Zweck zu überführen in eine neue Nutzung, die ruhig ein bisschen feierlich, würdig und kulturnah sein darf, dann kann auch die Gemeinde den Verlust eines Gebäudes verschmerzen, der einst dem Gottesdienst gewidmet war.

Da hat die Alte Brüderkirche in Kassel Glück gehabt. Das älteste erhaltene Kirchengebäude der Stadt stammt aus dem 13./14. Jahrhundert. Erbaut wurde es von den Brüdern des Ordens „Unsere Liebe Frau vom Berge Karmel" als Klosterkirche. In der Reformationszeit wurde das Kloster aufgehoben, das Gebäude diente nun der Altstadtgemeinde als Pfarrkirche.

Seit 1995 besteht die „Stiftung Alte Brüderkirche", verwaltet vom Gesamtverband der evangelischen Kirchengemeinden. Also wird der Kirche es schon recht sein, was in dem ehemaligen Sakralbau geschieht. Und dazu hat sie auch allen Grund. Aus dem altehrwürdigen Gotteshaus wurde ein modernes und schönes Veranstaltungszentrum für Ausstellungen, Tagungen, Konzerte und festliche Gelage. Dann reicht es weißgott nicht, Tische und Stühle hinzustellen und „guten Appetit" zu wünschen. Dann wird die ehemalige Kirche in ein stil- und geschmackvolles, festlich beleuchtetes, professionell dekoriertes Gasthaus für einen Abend verwandelt.

Die gastronomischen Installationen wurden geschickt und unauffällig auf Dauer eingebaut, die Inszenierungen rund um Anlass und Menü wechseln. Immer aber, wenn der Grischäfer gastiert, entsteht eine feierlich passende Kulisse.

Und wenn das alte Taufbecken mit Erdbeeren garniert ist, Tellerstapel fein säuberlich sortiert auf dem ehemaligen Altar stehen, wenn an festlich dekorierten Tischen im Kerzenlicht vielleicht 250 Gäste sitzen, dann weiß man: Hier ist etwas neues entstanden, das sich nicht zu verstecken braucht. Die Kreuzrippendecke ist dezent beleuchtet, die Bündelpfeiler in warmes Licht getaucht. Man weiß, wo man ist. Man weiß, was hier war. Man ist zusammengekommen, um sich einer der schönsten menschlichen Tätigkeiten zu widmen. Um festlich und gut zu essen und zu trinken. Und dies in einer Umgebung, die passender kaum sein kann.

Sülzchen von der Ochsenbrust an Linsensalat

Bratapfel gefüllt mit Leberwurst

Klare Wurstebrühe mit Weckewerkravioli

Schweinelendchen mit Kümmelkruste an Kochkäsesoße und Kartoffeltalern

Arme Ritter mit Vanillesoße

Sülzchen von der Ochsenbrust
an Linsensalat

Bratapfel gefüllt mit Leberwurst

Klare Wurstbrühe
mit
Weckewerkravioli

Schweinelendchen mit Kümmelkruste
an Kochkäsesoße
mit Kartoffeltalern

Arme Ritter mit
Vanillesoße

Sülzchen von der Ochsenbrust an Linsensalat

600 g Tafelspitz
1 Bund Suppengrün
1 Zwiebel, 1 Knoblauchzehe
Salz, ½ TL Pfefferkörner
½ TL Wacholderbeeren
2 Gewürznelken
1 Lorbeerblatt
3 Liter Wasser

Gelierbrühe:
Ca. 50 ml Weinessig
Salz
Frisch gemahlener Pfeffer
3 Blatt Gelatine

Einlage:
2 Möhren

Das Fleisch waschen und in einen Topf legen. Das Suppengrün putzen. Zwiebeln und Knoblauch abziehen und halbieren. Mit etwas Salz und den Gewürzen zum Fleisch geben.
Soweit mit kaltem Wasser auffüllen, dass alles knapp bedeckt ist. Das Wasser einmal aufkochen und dann den Tafelspitz bei schwacher Hitze und halb geschlossenem Deckel 2½ Stunden köcheln lassen. Wenn der Tafelspitz weich ist, das Fleisch herausheben und die Brühe abgießen. Beides abkühlen lassen, das Fleisch wieder in die Brühe legen und über Nacht in den Kühlschrank stellen.
Am nächsten Tag die Brühe entfetten und durch ein Seihtuch gießen.
Den Weinessig in einen Messbecher geben und mit Brühe bis zu einem ¼ Liter Flüssigkeitsmenge auffüllen. Kräftig mit Salz und frisch gemahlenem Pfeffer abschmecken und nach Belieben noch etwas Essig nachgeben. Die Brühe muss sehr stark gewürzt sein, weil sie in der Sülze an Geschmack verliert. Die Gelatine einweichen, tropfnass in einem Töpfchen auflösen und in die Brühe rühren. In eine Kastenform von 600 ml Inhalt ½ cm hoch Gelierbrühe gießen. Die Form in den Kühlschrank stellen, damit der Geleespiegel fest wird. Die Möhren schälen und 10 Minuten in etwas Salzwasser weich kochen. Dann in kleine Würfel schneiden. Den Tafelspitz in möglichst dünne Scheiben schneiden, am besten mit der Aufschnittmaschine. Fleisch, Gemüsemischung und flüssige Gelierbrühe bereitstellen und die Form damit abwechselnd füllen. Zunächst einige Fleischscheiben, dann Gelee, Gemüse, Gelee, Fleisch, usw. Den Abschluss bildet eine Lage Tafelspitz, die wieder mit Gelierbrühe versiegelt wird. Die Tafelspitzsülze zum Festwerden mindestens 3 Stunden in den Kühlschrank stellen. Die Sülze aus der Form lösen. Die Form kurz in heißes Wasser halten und stürzen. Die Sülze mit einer dünnen, scharfen Klinge in fingerdicke Scheiben schneiden.

200 g braune Tellerlinsen	*1 Teelöffel Senf*
50 g Zwiebeln	*Pflanzenöl*
80 g Speckwürfel	*Salz, Pfeffer*
500 ml Rinderbrühe	*3 - 4 Esslöffel Weißweinessig*
3 Stangen Frühlingslauch	*Schnittlauch (frisch)*

Die Linsen über Nacht einweichen. Vor der Weiterverarbeitung abspülen. Linsen in ungesalzenem Wasser weich kochen, abgießen und kalt spülen. Speck, Zwiebelwürfel und Senf in etwas Öl anschwitzen. Mit der Rinderbrühe ablöschen und aufkochen. Kräftig mit Salz und Pfeffer abschmecken. Frühlingslauch waschen, putzen und möglichst fein schneiden. Linsen mit dem Sud und dem Frühlingslauch vermengen und nochmals mit Weißweinessig und Gewürzen abschmecken. Den Salat auf einem Teller anrichten. Die gekühlte Sülze mit einem scharfen Messer ca. 3 cm dicke Scheiben schneiden und an den Linsensalat legen.
Mit ein paar Schnittlauchspitzen garnieren und servieren.

Bratäpfel gefüllt mit Leberwurst

4 mittelgroße Äpfel (Boskop)
60 g grobe Leberwurst
4 Esslöffel Preiselbeeren (küchenfertig)
Butter
Blattpetersilie (für Dekoration)
50 g Zwiebeln

Äpfel waschen, den Deckel abschneiden und aushöhlen. Die Zwiebeln schälen und in feine Würfel schneiden und mit etwas Butter in der Pfanne farblos anschwitzen. Pfanne vom Herd nehmen, die Leberwurst hinzufügen und alles miteinander vermengen. Die Masse in den Apfel füllen und mit dem Deckel verschließen. Eine Butterflocke auflegen und im vorgeheizten Backofen bei 200 Grad ca. 10 - 15 Minuten braten. Die Bratäfpel mit den Preiselbeeren und der gezupften Blattpetersilie auf einem Teller anrichten.

Klare Wurstebrühe mit Weckewerkravioli

850 ml Wurstebrühe
160 g Weckewerk
200 g Mehl, 1 Ei
Salz, Pfeffer
40 g frischer Majoran
1 Esslöffel Olivenöl

Mehl, Eier, etwas Wasser (ca. 5 Esslöffel), Salz und Olivenöl zu einem glatten Teig verkneten. Den Teig in Klarsichtfolie wickeln und kalt stellen. Die Wurstebrühe in der Zwischenzeit in einem Topf erhitzen. Das gekühlte Weckewerk in 1 x 1 cm dicke Würfel schneiden. Den gekühlten Nudelteig aus der Folie nehmen und dünn ausrollen. In der Mitte durchschneiden und die eine Hälfte mit Eigelb bestreichen und anschließend die Weckewerkwürfel in gleichmäßigem Abstand darauf verteilen. Die andere Hälfte des Teiges oben auflegen. Mit einer geeigneten Form ausstechen und die Ränder mit einer Gabel andrücken. Die Ravioli in gesalzenem Wasser nach und nach garen, bis sie an die Wasseroberfläche treten. Topf von der Kochstelle nehmen und ca. 5 Minuten ziehen lassen.

Majoran grob schneiden, mit den Ravioli in einem tiefen Teller anrichten.
Mit der heißen Wurstebrühe auffüllen und servieren.

Schweinelendchen mit Kümmelkruste an Kochkäsesoße mit Kartoffeltalern

700 g Schweinemedallons
300 g Kartoffeln, 50 g Zwiebeln
200 g Kochkäse, 100 ml Bratensoße
50 ml Sahne, 1 Ei
50 g Mehl, Muskat
80 g Kümmel (ganz)

Kartoffeln waschen, schälen und reiben. Die Zwiebeln schälen und reiben, mit Mehl, Ei, Salz, Pfeffer und Muskat vermengen. Öl in eine Pfanne geben und die Kartoffelmasse zu Talern formen und bei mittlerer Hitze goldgelb ausbacken. Die fertigen Kartoffeltaler auf einem mit Küchenkrepp ausgelegten Teller geben und im Ofen warm halten. Bratensoße mit Sahne und Kochkäse unter ständigem Rühren erhitzen. Mit Salz und Pfeffer abschmecken. Schweinelendchen ebenfalls mit Salz und Pfeffer würzen und in reichlich Kümmelsamen wälzen. In einer Pfanne bei mittlerer Hitze in etwas Öl knusprig braten. Schweinelendchen, Kartoffeltaler und Kochkäsesoße auf einem Teller platzieren und servieren.

Arme Ritter mit Vanillesoße

1 altbackenes Kastenweißbrot	*Zutaten für die Vanillesoße:*
4 Eier	*300 ml Sahne*
200 ml Milch	*3 Eigelb*
300 g Paniermehl	*1 Vanilleschote*
20 g Zimt , 80 g Zucker	*120 g Zucker*
Öl (zum Braten)	*2 cl Rum (80 %)*

Die Sahne mit der ausgekratzten Vanilleschote und dem Zucker aufkochen. Das Eigelb und den Rum in eine Schüssel geben und mit einem Schneebesen die warme, nicht mehr kochende Vanillesahne rasch unter das Eigelb rühren. Die Masse zurück in den Topf geben und bei mittlerer Hitze mit einem flachen Kochlöffel gut umrühren, bis die Soße sämig wird.
Milch mit einem Teil Zucker und Zimt verrühren. Anschließend das Kastenweißbrot in 2 cm dicke Scheiben schneiden. Dann die Weißbrote durch die Milch-Ei-Masse ziehen, gut abtropfen lassen und von beiden Seiten in Paniermehl wenden. Reichlich Öl in eine Pfanne geben und die Armen Ritter darin goldgelb ausbacken. Aus der Pfanne nehmen und auf Küchenkrepp abfetten lassen. Die Armen Ritter mit der Vanillesoße auf einem Teller anrichten, mit Zimt und Zucker bestreuen und servieren. Gegebenenfalls mit frischen Obst dekorieren.

Das Kurhessische Edelmenü Nr. 6

... in der Sommerhalle
am Burghain in Naumburg

Typisch hessisch. Diese mitten im Märchenwald gelegene Fachwerkstadt mit dem massiven Kirchturm, der das Stadtbild prägt. Und schon daneben; denn Naumburg gehörte im protestantischen Nordhessen als Enklave zum Erzbistum Mainz und ist bis heute katholisch geprägt. Man muss schon ein bisschen aufpassen, wenn man irgendwas typisch hessisch findet, weil dieses Bundesland so viel verschiedene Geschichten, Traditionen und zum Beispiel auch Dialekte hat. Sagen wir es doch so: weil es so wenig typisch Hessisches gibt, deshalb muss man es erfinden. Das hat dann mit Schwindel oder Imitation gar nichts zu tun, wenn es gut erfunden wird. Die Holzhauer – Brüder, das sind solche hessischen Erfinder. Sie schauen zurück auf die noch stabilen, lebendigen Reste einer regionalen Identität und helfen tatkräftig dabei, schöne neue Sachen zu machen.

Zum Beispiel in einer Entfernung von 6,9 km von Bad Emstal/Sand die Naumburger alte Stadthalle für die eigenen, guten Zwecke zu erobern. 1904 wurde die hölzerne Halle für die kulturellen und übrigen Bedürfnisse der Naumburger Bevölkerung gebaut. Sie liegt auf einer großen – hier darf man es ruhig sagen – Märchenwaldlichtung, im von der Kernstadt aus steil ansteigenden Burghain. Wer die schönsten Stellen im Naturpark Habichtswald sucht, der ist hier am richtigen Ort. Sommerhalle wird dieses durch ein sehr schönes Balkendach gekrönte Riesengasthaus genannt, in dem 100–250 Leute Hochzeit oder was anderes feiern können. „Erobern“ klingt zu scharf, denn durch den Bau des gewaltigen „Haus des Gastes“ war die Waldhalle übrig, und da griffen die Holzhauers zu. 1998 pachteten sie die Sommerhalle, die lange Zeit im Winter nicht benutzbar war. Übrigens war das überhaupt keine feindliche Übernahme.

Zu bestimmten Anlässen wie etwa Johanni bleibt die Sommerhalle den Vereinen überlassen.

Jetzt kommen wir auf die hessentypischen Aktivitäten der Firma Grischäfer zurück. Edelmenüs zu kreieren und sie mit hessisch – regionalen Merkmalen aufs Feinste zu versehen, ist eine echte Kulturtat. Im Ambiente der wiederum höchst professionell und festlich beleuchteten Sommerhalle, in der die Augen sich weiden dürfen, weil wieder alles so fein hergerichtet ist, tafeln zu können, ist eine Esskulturtat. Aber auch noch zu steigern. Unter den Steigerungen, wo dann Musik oder Kabarett hinzukommen oder sich während des Nordhessischen Kultursommers bei „Luna Luna“ alles um den Mond dreht, muss eine besonders hervorgehoben werden, eben weil sie einen unverwechselbaren Beitrag zur hessischen Regionalkultur bildet. Es geht um den Apfel und darum, was man alles aus ihm und mit ihm machen kann.

Naumburg ist es gelungen, zu einer Art Welthauptstadt der Apfelkultur zu werden. Deutlich sichtbar zum Beispiel bei der „Europom“ im Jahre 2006. Aber Pomona, die römische Göttin der Baumfrucht, hatte in Naumburg nicht einen einmaligen Auftritt. Seit 1998 werden dort die Hessischen Pomologentage mit einem unglaublich vielfältigen Apfelprogramm begangen. „Äpfel mit allen Sinnen“ genießen kann man dann in der Sommerhalle. Bei einem Degustationsmenü mit kundiger Moderation und Äpfeln, die sich wahrscheinlich selber darüber freuen, in dieser Weise auf den Tisch zu kommen.

Nur ein Verbesserungsvorschlag sei gestattet. Zu den Naumburger Apfeltagen verkehrt der „Hessen-Kurier“. Wie wäre es, wenn als Sonderspeisewagen diesem berühmten Museumszug der Train Bleu hinzugefügt würde?

Christian
Dirk

9

Strudel von Forelle, Blattspinat und Blutwurst mit Apfelmeerrettich

Gebrannte Grießsuppe mit frischen Himbeeren

Rucolasalat mit Krebsschwänzen und warmen Ziegenkäse

Lammrücken auf Majoransoße mit gerösteten Knoblauch-Kartoffeln und Mangold

Karamelisiertes Schmandmus

Strudel von Forelle,
Blattspinat und Blutwurst
mit
Apfelmeerrettich

Gebrannte Griessuppe
mit
frischen Himbeeren

Rucolasalat mit Krebsschwänzen
und
warmem Ziegenkäse

Lammrücken auf Majoransoße
mit
gerösteten Knoblauch Kartoffeln
und Mangold

Karamellisiertes
Schmandmus

Strudel von Forelle, Blattspinat und Blutwurst mit Apfelmeerrettich

200 g Strudelteig (tiefgefroren)	*100 g Apfelmus*
ca. 300 g Forellenfilets (ohne Haut)	*40 g küchenfertigen Meerretich*
200 g Blutwurst durch den Wolf gedreht	*1 Ei, 1 Zehe Knoblauch*
200 g Blattspinat (tiefgekühlt)	*100 g Butter*
50 g Zwiebeln	*Salz, Pfeffer, Muskat*

Den Blattspinat und die Zwiebeln kurz in Butter anschwitzen. Mit Knoblauch, Salz, Pfeffer und Muskat abschmecken. Die gewolfte Blutwurst mit einem Ei vermengen, den Strudelteig auf einem großen Tuch ausbreiten. Auf dem vorderen Drittel des Teiges schichtweise den Blattspinat, das gewürzte Forellenfilet und die Blutwurst übereinander legen. Mithilfe des Tuches den Teig rollen, auf ein leicht gefettetes Blech legen und mit flüssiger Butter einstreichen. Im vorgeheizten Ofen bei 180 Grad ca. 10 - 15 Minuten backen.
Je nach Dicke des Strudels.
Zwischenzeitlich das Apfelmus mit dem Meerretich etwas Salz und Pfeffer verrühren.
Den Strudel möglichst mit einem Elektromesser in 5 cm dicke Scheiben schneiden und zusammen mit dem Apfelmeerretich auf einem Teller anrichten.

Gebrannte Griessuppe mit frischen Himbeeren

80 g Hartweizengrieß	*50 g Butter*
800 ml Rinderbrühe	*Salz, Pfeffer*
50 g Zwiebeln	*125 g frische Himbeeren (für die Einlage)*

Butter nach Möglichkeit in einem teflonbeschichteten Topf erhitzen. Die Zwiebeln und den Grieß leicht anschwitzen. Mit der Brühe und der Sahne ablöschen. Unter ständigem Rühren die Suppe aufkochen und anschließend bei kleiner Hitze so lange köcheln lassen, bis der Grieß weich ist (dabei weiterhin umrühren). Mit Salz und Pfeffer abschmecken.
Die Himbeeren in die Suppentasse geben. Mit der heißen Suppe auffüllen und mit frischer Zitronenmelisse garnieren und servieren.

Rucolasalat mit Krebsschwänzen und warmem Ziegenkäse

350 g Raukesalat (Rucola)	*6 Esslöffel Olivenöl*
350 g Flusskrebsschwänze in Lake	*3 Esslöffel Weißweinessig*
350 g Ziegenkäse (kein Frischkäse)	*1 unbehandelte Zitrone*
1 frischer gelber Paprika	*1 Messerspitze Sambal Olek*
80 g Zwiebeln	*1 Bund frischer Rosmarin*
1 Zehe Knoblauch	*Salz, Pfeffer*

Rauke waschen und gut abtropfen lassen. Das Krebsfleisch abgießen und in eine Schüssel geben. Paprika, Zwiebeln und Knoblauch putzen und in feine Würfel schneiden. Olivenöl, Essig, Sambal Olek, Gemüsewürfel, Zitronensaft und die Gewürze hinzufügen und alles miteinander vorsichtig vermengen. Nochmals abschmecken. Ziegenkäse in eine Auflaufform legen, mit Olivenöl, gehacktem Knoblauch und Rosmarin bestreuen. Für ca. 5 - 8 Minuten bei 180 Grad in den vorgeheizten Ofen stellen. Den Rucola auf einem Teller in die Mitte legen. Flusskrebse auf dem Salat anrichten und mit der Marinade begießen (auch den Salat). Den warmen Ziegenkäse anlegen und mit Roggenbaguette servieren.

Lammrücken auf Majoransoße mit gerösteten Knoblauchkartoffeln und Mangold

700 g Lammrücken ohne Haut und Knochen
2 große Kartoffeln
500 g frischer Mangold
250 ml Bratensoße
40 g/1 Teelöffel Majoran (frischen und getrockneten)
50 g/ 1 Zehe Schnittknoblauch und Knoblauch
50 g Zwiebeln
1 Esslöffel Dijon-Senf (körnig oder fein)
Butter, Öl
Muskatnuss, Salz, Pfeffer

Möglichst einen Tag vorher Kartoffeln waschen, kochen und pellen. Kartoffeln in ca. 1 x 1 cm Würfel schneiden. Mangold putzen und blanchieren. Den Lammrücken mit Salz und Pfeffer würzen, mit etwas Öl anbraten und anschließend mit Dijon-Senf bestreichen. Die Bratensoße mit etwas getrocknetem Majoran aufkochen und abschmecken. Das Fleisch bei 150 Grad ca. 10 - 15 Minuten (je nach Dicke des Fleisches) in den vorgeheizten Ofen schieben.

In der Zwischenzeit die vorbereiteten Kartoffeln in einer beschichteten Pfanne mit Butter goldgelb rösten. Mit Salz und Pfeffer würzen und zum Schluss mit reichlich Schnittknoblauch durchschwenken. Butter, Zwiebeln und Mangold mit etwas Wasser in einem Topf erhitzen, mit Salz, Pfeffer und Muskat abschmecken. Den Mangold, die Knoblauchkartoffeln mit dem Lamm auf einem Teller anrichten und etwas Majoransoße angießen. Mit frischem Majoran garnieren und servieren.

Karamelisiertes Schmandmus

400 g Schmand
100 g Zucker
150 g Eigelb
300 ml Schlagsahne
4 Blatt (groß) Blattgelatine (weiß)
4 cl Eierlikör
(evtl. frische Beeren und Minze für die Dekoration)

Zucker in einer Pfanne bei kleiner Hitze mit etwas Wasser karamellisieren (aufpassen, dass es nicht zu dunkel wird). Gelatine in kaltem (!) Wasser einweichen. Sahne steif schlagen und kalt stellen. Eigelb mit dem Karamell und Eierlikör in einer Küchenmaschine schlagen, bis es zähflüssig ist. Ein Drittel vom Schmand abnehmen und den Rest in die Masse rühren. Das andere Drittel leicht erwärmen und die ausgedrückte Gelatine darin auflösen. Den noch warmen Schmand unter die Masse rühren. Geschlagene Sahne mit einem Schneebesen unterheben und in eine Form abfüllen. Mindestens drei Stunden kalt stellen.

Das gekühlte Schmandmus mit einem heißen Löffel ausstechen und auf einem Teller anrichten. Mit frischen Beeren und Minze garnieren und servieren.

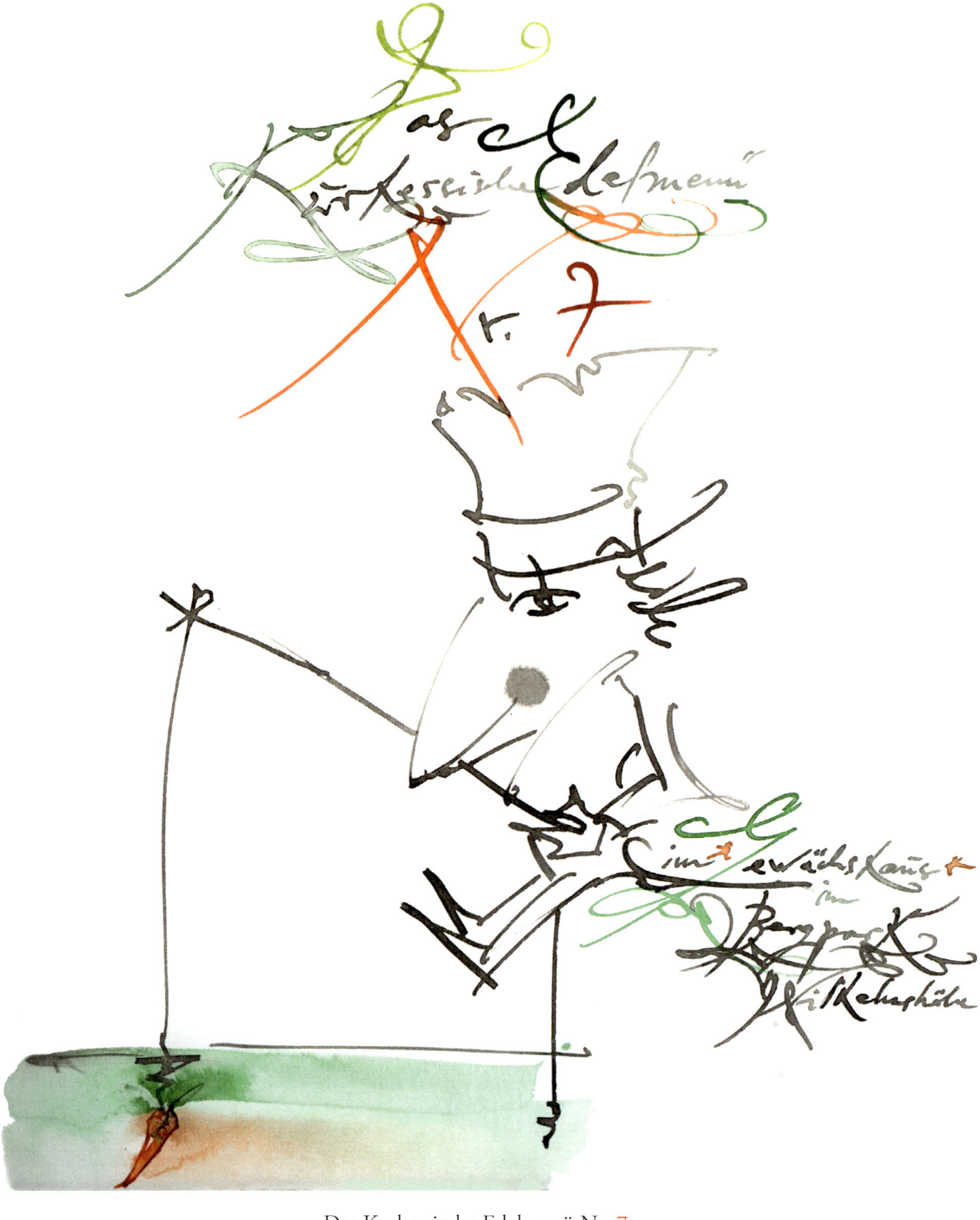

Das Kurhessische Edelmenü Nr. 7

… im Gewächshaus
im Bergpark Wilhelmshöhe

Warum ist es eigentlich nicht verboten, im Wilhelmshöher Gewächshaus zum Beispiel Geburtstage, Hochzeiten oder gar Gala Dinners zu feiern? Wo doch an gewissen Tagen der Besuch des Gewächshauses nur im Rahmen einer Führung möglich ist. Wo es doch schon 185 Jahre alt ist, und überhaupt eines der wenigen erhaltenen Gewächshäuser dieser Konstruktionsweise ist. Zuerst mit konstruktiven Hölzern, 1873 dann als Eisenkonstruktion. Und dem Glasbau im Frankfurter Palmengarten als Vorbild diente. Und im Bergpark Wilhelmshöhe zum Ensemble der markanten und sehr beliebten Bauwerke gehört. Warum hat man es also nicht schon längst verboten, dort zu feiern, zu tafeln, womöglich sogar herumzulaufen?

Weil es – jetzt nur mal auf Hessen bezogen – ein merkwürdiges geografisches Phänomen gibt: Nordhessen leuchtet nämlich manchmal (und ist gelegentlich atmosphärisch südlicher als der Süden, auch freizügiger und in gewisser Weise auch lockerer. Oder kennt jemand südlich des Hessen-Äquators (verläuft auf der Linie Wetzlar – Fulda) eine vergleichbare Häufung derart außergewöhnlicher, geschichtsträchtiger Gebäude, die zur öffentlichen Belustigung, Beköstigung und Freude freigegeben sind. Nein, kennt niemand, aber auf dem Weg zum Weltkulturerbe des Bergparks Wilhelmshöhe gibt das schon Mal jede Menge Punkte. Was nutzen erhabene, historisch bedeutsame Gebäude, wenn man sie nicht betreten darf? Hier darf man! Im Ballhaus darf gefeiert werden, im Gewächshaus können bis zu 80 Gäste aufs Schönste unterkommen. Wer Gebäude besichtigt, lernt sie kennen. Wer in ihnen feiert, kann sie lieben lernen. Und das Gewächshaus wird geliebt. Es wird auch gepflegt, dann und wann kundig renoviert und im Dezember an den Wochenenden durch das Projekt „Lichte Wege“ illuminiert.

Nun wissen wir schon immer, dass die stabile Liebe, also kein neurotisches Flattern, sondern ein wetterfestes Dauergefühl, durch den Magen geht. Und hier – Sie ahnen es! – kommt die mobile Grischäfer – Festivitäten – Truppe ins Spiel. Wenn die Grischäferei nicht sowieso schon auf die Idee gekommen wäre, gerade hier, zwischen Glas, Licht und Koniferen ihre Tischlein zu decken, hätte man sie herbeizaubern müssen. Aber die Zauberei läuft ja schon. Zur Kultur dieser – in Bad Emstal - festen oder hierher, ins Ballhaus, die Brüderkirche, die Naumburger Sommerhalle fliegenden Gastronomie gehört immer auch, dass die Räume mit Licht und Stil inszeniert werden. So, dass sie sich von ihren schönsten Seiten zeigen können und gelegentlich sogar ihren Genius auf die Gäste los lassen. Und der wünscht ihnen dann einen märchenhaft guten Appetit. Obwohl: Ein bisschen Courage und kulinarische Neugier gehört schon dazu, gebratene Möhrenwurst auf Steckrübenpürree zu essen. Und dann wird man auch noch mit einer Verkleinerungssülze ins Menü gelockt: „Sülzchen“ um vom Armen Ritter, ehemals Prolet unter den Speisen, entlassen zu werden.

Aber das kennen wir ja aus Grimms Märchen. Gerade die etwas Zurückgesetzten, die erstmal nicht ganz so kulturell und körperlich gelungenen Figuren entpuppen sich dann als Glückskinder oder Königssöhne. Wer hätte gedacht, dass Leberwurst und Kochkäse, Wurstebrüh und Weckewerk sich in den einfachen Edelmenüs eine solch glänzende Karriere machen.

Um noch einmal auf das südliche Flair in dieser nordhessischen Küchenkultur zurückzukommen. Könnte das schöner ausgedrückt werden als in dem Wort „Weckewerkravioli“?

Karottensuppe mit Apfel und Meerrettich

Kleine Kartoffelpfannkuchen mit Schmand

Salat von Brechbohnen mit gebackenem Ziegenfrischkäse

Emstaler Linsengericht mit Rosenkohl, Lauch und Schmand

Zwetschgenkompott mit Vanilleeis

Karottensuppe mit Apfel
und
Meerrettich

Kleine Kartoffelpfannkuchen
mit Schmand

Salat von Brechbohnen
mit
gebackenem Ziegenfrischkäse

Ernstaler Linsengericht
mit Rosenkohl, Lauch und Schmand

Birne in Rotwein

Karottensuppe mit Apfel und Meerrettich

300 g Karotten
100 g Kartoffeln, 1 Apfel
50 g Meerretich
50 g Zwiebeln
1 - 2 Teelöffel Honig
150 g Sahne
300 ml Gemüsebrühe
Pflanzenöl
Salz, Pfeffer

Die Karotten waschen und schälen. Einen halben Apfel in Würfel schneiden und anbraten. Beiseite stellen. Die restlichen Zutaten wahllos in kleine Stücke schneiden. Öl in den Topf geben. Alles bei mäßiger Hitze anschwitzen. Honig hinzufügen und mit der Gemüsebrühe aufgießen. So dass alles grade bedeckt ist. Kochen, bis das Gemüse weich ist, Sahne hinzufügen. Die Suppe mit einem Küchenmixer fein pürieren. Mit Salz und Pfeffer abschmecken und passieren. Die Suppe mit den gebratenen Apfelwürfeln auf einem Suppenteller anrichten, mit gehackter Petersilie garnieren und servieren.

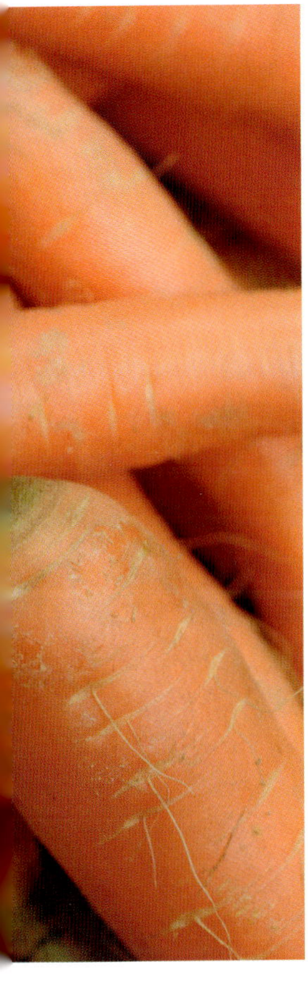

Kleine Kartoffelpfannkuchen mit Schmand

350 g Kartoffeln (mehlig)
80 g Zwiebeln
300 g Schmand
1 Bund Schnittlauch
1 Ei
Muskatnuss
Salz, Pfeffer
50 g Mehl
Öl zum Braten

Kartoffeln und Zwiebeln schälen. Kartoffeln waschen und reiben. Mit Muskat, Salz, Pfeffer, Mehl und Ei vermischen und kleine Pfannkuchen in Öl ausbacken. Den Schmand auf einem Teller anrichten, die gebratenen Pfannkuchen anlegen und mit Schnittlauch garnieren und servieren.

Salat von Brechbohnen mit gebackenem Ziegenfrischkäse

600 g frische Brechbohnen, 150 g Zwiebeln
350 g Ziegenfrischkäse
Salz, Pfeffer, Zucker (je nach Geschmack)
1 - 2 Eier, Mehl, Paniermehl
1 Bund frisches Bohnenkraut
Öl zum Braten

Die Bohnen putzen, in stark gesalzenem Wasser weich kochen und anschließend im Eiswasser abschrecken. Auf einem Sieb abtropfen lassen. Die Zwiebeln schälen und in feine Würfel schneiden. Öl in eine Pfanne geben und die Zwiebeln darin glasig dünsten. Das Ganze mit Wasser und Essig ablöschen und mit Senf, einer Prise Zucker, Salz und Pfeffer abschmecken. Das noch lauwarme Dressing über die Bohnen gießen und vermengen. Ca. 1 Stunde ziehen lassen und nochmals - falls nötig - abschmecken. Den gekühlen Ziegenfrischkäse in ca. 2 - 3 cm dicke Scheiben schneiden, dann zunächst im Mehl wenden, anschließend im verquirlten Ei ebenfalls wenden und dann erst im Paniermehl andrücken. Die letzen zwei Schritte wiederholen (schützt den Käse beim Backen vor dem Auslaufen). In reichlich heißem Öl goldgelb ausbacken.
Den Ziegenkäse auf dem Bohnensalat dekorativ anrichten und mit frisch gemahlenem Pfeffer und Bohnenkraut garnieren und servieren.

Emstaler Linsengericht mit Rosenkohl, Lauch und Schmand

200 g braune Tellerlinsen
150 g Rosenkohl, 200 g Lauch
50 g Zwiebeln, 250 g Schmand
ca. 2 Liter Gemüsebrühe
Salz, Pfeffer, Muskatnuss
2 Esslöffel Weißweinessig

Linsen eine Nacht in kaltem Wasser einweichen. Vor der Weiterverarbeitung abspülen. Den frischen Rosenkohl putzen, am Strunk kreuzförmig einschneiden und in stark gesalzenem Wasser weich kochen und anschließend im Eiswasser abschrecken. Nun den Lauch waschen und putzen und in ca. 1 - 2 cm dicke Scheiben schneiden und ebenfalls blanchieren. Das Gemüse gut abtropfen lassen. Die Linsen in der Gemüsebrühe weich kochen. Den Rosenkohl und den Lauch hinzugeben und bei mäßiger Hitze erwärmen. Mit Salz, Pfeffer und Muskatnuss abschmecken. Den Schmand zu dem nicht mehr kochenden Gemüse geben und umrühren. Mit Essig, Muskatnuss und Pfeffer nochmals abschmecken und anschließend anrichten.

Empfohlene Beilage:
Salzkartoffeln oder Spätzle

Birne in Rotwein

4 feste Birnen, geschält
½ Liter guter Rotwein
1Orange, ungespritzt
1 Nelke
1 Zimtstange
1 EL Lavendel-Honig oder anderen Honig
Ca. 200 g kalte Butter

Die geschälten Birnen sollten auf alle Fälle noch den Stiel, an dem sie einst hingen, fest im Fleisch sitzen haben. Den Rotwein mit den Orangenschalen, den Gewürzen und dem Honig aufkochen. Die Birnen in eine Kasserolle geben, mit dem aufgekochten Sud übergießen und ca. 10 bis 20 Minuten (je nach Größe der Birnen) sanft köcheln lassen.
Die bissfesten Birnen aus dem Sud herausnehmen. Diesen evtl. noch etwas einreduzieren lassen. Danach passieren und mit der kalten Butter abbinden. Birnen auf einen Teller geben und mit dem Butter-Wein Sud übergießen.

Einfach & Edel

Die Grisckäfers

Seite

96
Frank Holzhauer

97
Elisabeth Bischoff, Peggy Sellmann, Franziska Rohrsen, Kazimirz Kurzatkowsky, Sven Schwertfeger, Monika Nehm, Heike Holzhauer, Ilka Holzhauer, Andreana Hogan, Janine Bijok

98
Ulrich Groß, Olaf Pfaff, Tasanaporn Mattheisen, Werner Großgasteiger, Andreas Wenig, Michael Niebert, Andre Debel, Gottlieb Bührer (unser Metzger), Daniel Gerhold, Dr. Bettina Ferrari, Fabian Schramm, Werner Großgasteiger, Rainer Holzhauer Andre Debel, Sven Herfurth

99
Rainer Holzhauer

100
Heiner Boehncke, Albert Schindehütte, Paavo Blåfield, Jutta Blåfield

Register

er Rezepte

Der Koch Rainer Holzhauer

wurde im August 1964 geboren, an einem strahlend schönen Sommersonntag, während des Frühschoppens. Groß geworden in der Gastronomie, das Wohnzimmer war die Gaststube der Eltern. Die Lehrjahre verbrachte er im Restaurant „Zum Ritter“ in Durbach, damals 2 Sterne im Michelin, danach kamen Wanderjahre durch die französische Sterne-Gastronomie. Mit 25 Jahren ist Rainer Holzhauer zurück an den heimischen Herd gekehrt, fünf Jahre später hat er mit Bruder Frank den elterlichen Betrieb übernommen. Zu Hause im Wolfhager Land bekocht er seine Familie mit drei Kindern, Hund, Katze, Pferd und Siebenschläfern. Beim Suchen und Finden des eigenen Profils haben die Holzhauer-Brüder die hessischen Spezialitäten für sich entdeckt und lieben gelernt. Seitdem hat sich der Grischäfer kontinuierlich im Ausrichten von Festen an schönen Orten etabliert.

Impressum

Zugegriffen liebe Freunde
ISBN: 978-3-7888-1156-3

Schwalbenweg 1, 34212 Melsungen
Tel. 05661.9262-26, Fax 05661.9262-19
www.neumann-neudamm.de

Gestaltungsidee: Albert Schindehütte
Satz & Layout: Jutta Blåfield
Titelgestaltung: Jutta Blåfield unter Verwendung eines Fotos von Paavo Blåfield
Fotos: Paavo Blåfield, www.blofield.de
Zeichnungen und Kalligrafien: Albert Schindehütte

Vielen Dank an:
Andreas Wenig, Andreana Hogan, Birgit Sonnenschein, Monika Budde
Dr. Bettina Ferrari und Herrmann Thiel

Weitere Fotografien lieferten Thomas Rosenthal, Harry Soremski, Markus Tollhopf, Dirk Pleikert

Der Grischäfer
Kasseler Straße 77-78, 34308 Bad Emstal
Tel. 05624 - 9 98 50, Fax 05624 - 87 78
kontakt@grischaefer.de, www.grischaefer.de

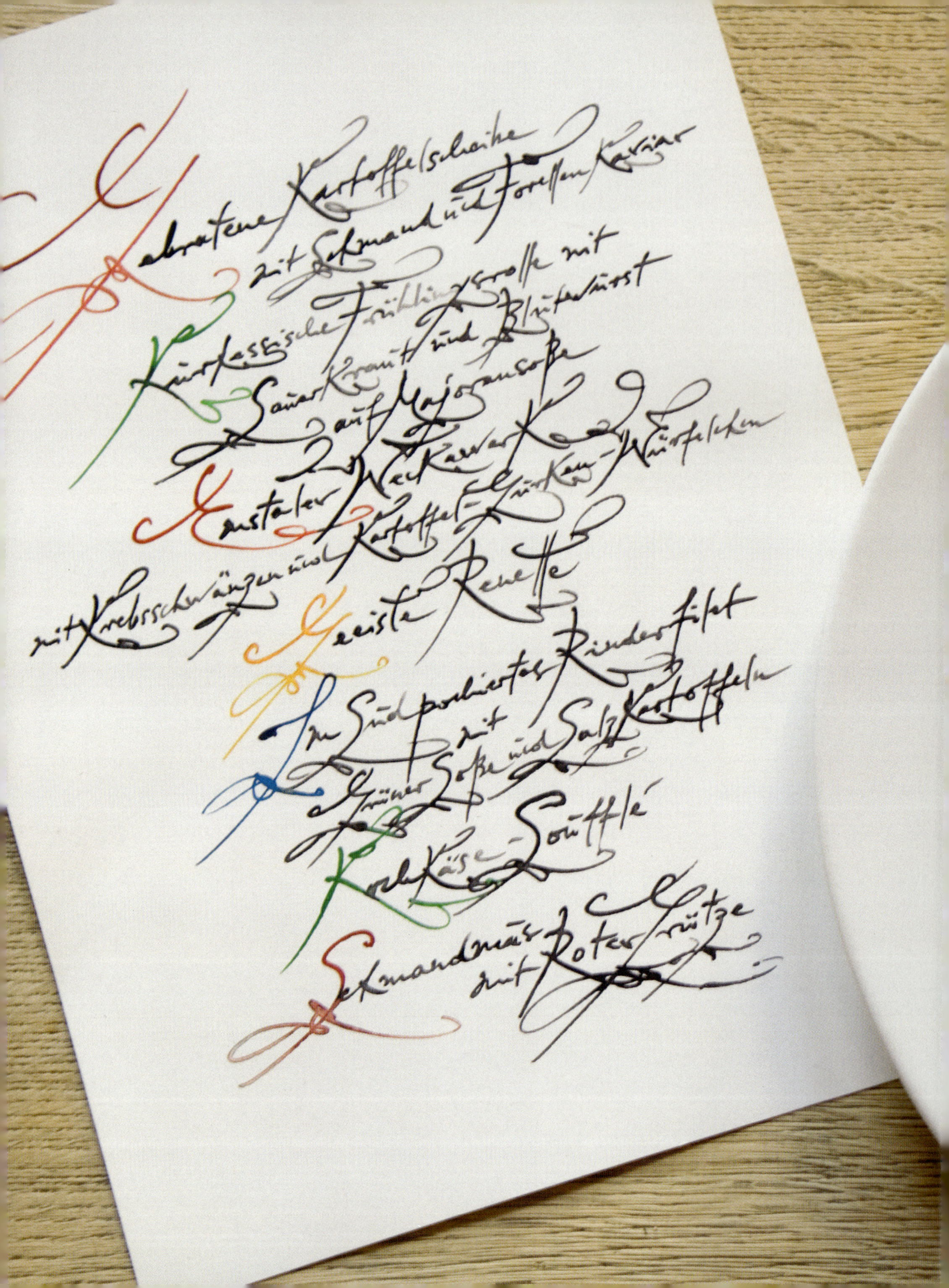
Gebratene Kartoffelscheibe
mit Schmand und Forellenkaviar
Kurhessische Frühlingsrolle mit
Sauerkraut und Blutwurst
auf Majoransoße
Weckewerk
mit Krebsschwänzen und Kartoffel-Gurken-Würfelchen
Geeiste Renette
Im Sud pochiertes Rinderfilet
mit Grüner Soße und Salzkartoffeln
Kochkäse-Soufflé
Schmandmus mit Roter Grütze